青岛城市创新指数研究

谭思明　蓝　洁　檀　壮　等著

中国海洋大学出版社

·青岛·

图书在版编目（CIP）数据

青岛城市创新指数研究/谭思明等著.—青岛:

中国海洋大学出版社,2016.5

ISBN 978-7-5670-1152-6

Ⅰ.①青… Ⅱ.①谭… Ⅲ.①城市建设—研究—青岛

市 Ⅳ.①F299.275.23

中国版本图书馆CIP数据核字（2016）第094809号

出版发行	中国海洋大学出版社			
社　　址	青岛市香港东路23号		邮政编码	266071
出 版 人	杨立敏			
网　　址	http://www.ouc-press.com			
电子信箱	dengzhike@sohu.com			
订购电话	0532-82032573（传真）			
责任编辑	邓志科		电　　话	0532-88334466
装帧设计	青岛乐道视觉创意设计工作室			
印　　制	青岛圣合印刷有限公司			
版　　次	2016年6月第1版			
印　　次	2016年6月第1次印刷			
成品尺寸	185 mm×260 mm			
印　　张	6			
字　　数	66千			
印　　数	1-2600			
定　　价	48.00元			

课题组成员

课题负责人　谭思明

课题组成员　蓝　洁　檀　壮　王志玲

　　　　　　　　吴　宁　周文鹏　燕光谱

前　言

　　2012年，青岛市第十一次党代会确定了"率先科学发展，实现蓝色跨越，加快建设宜居幸福的现代化国际城市"的发展战略，提出了今后五年"加快转变发展方式，建立更具特色的产业体系；加快优化空间布局，构建更具活力的发展格局；加快打造文化强市，建设更高水平的城市文明；加快发展民生事业，营造更加和谐的社会环境；加快建设生态文明，打造更加宜居的美好家园；加快推进改革开放，注入更加强劲的发展活力"的任务目标。在实现上述战略目标过程中，创新是最为重要的引擎，唯有依靠创新驱动，才能加快转型升级步伐，增强经济内在动力与活力，促进社会和谐进步，实现跨越式发展。

　　经过多年的发展，青岛的科技创新取得了显著的成就，但与国内其他同类城市相比，还存在一定差距。这就要求我们要跳出青岛看青岛、发展青岛，对照先进找差距、定思路，寻标、对标、达标、夺标，在知己知彼视野中才能创造出青岛市创新发展的核心动力。

　　为准确把脉、客观评价青岛市的科技创新水平、科技创新对经济社会发展的支撑引领作用、与国内同类城市科技创新能力的比较优劣势，在深入学习分析国内外有关科技创新评价理论和方法的基础上，我们建立了城市科技创新指数评价指标体系，对我市及国内同类城市科技创新的水平及发展变化进行测度与评价，力图从定性和定量结合的角度显现我市在创新活动各个方面的优势和不足，为各级领导和部门科学决策提供参考依据。

青岛市科学技术信息研究所

青岛市科学技术发展战略研究所

2016年3月

目　录

第一部分　城市创新指数评价指标体系……………………………01

第二部分　评价方法………………………………………17

第三部分　青岛城市创新指数评价…………………………19

　一、城市创新指数 ………………………………………19

　二、创新资源指数 ………………………………………20

　三、创新投入指数 ………………………………………21

　四、创新企业指数 ………………………………………22

　五、创新产业指数 ………………………………………23

　六、创新产出指数 ………………………………………24

　七、创新效率指数 ………………………………………25

第四部分　青岛与其他副省级城市的对比分析……………27

　一、创新指数 ……………………………………………27

　二、创新资源指数 ………………………………………29

　三、创新投入指数 ………………………………………31

　四、创新企业指数 ………………………………………33

五、创新产业指数 ·· 35

六、创新产出指数 ·· 37

七、创新效率指数 ·· 39

第五部分　青岛创新能力展望 ·· 41

第六部分　南京科技体制综合改革试点城市建设经验············ 43

一、南京是全国唯一一个科技体制综合改革试点城市········ 44

二、出台20条创新转型政策 ··· 44

三、推出"1+8"创业创新政策体系 ······························· 45

四、打造紫金科技创业特别社区 ·································· 46

五、出台"科技九条"政策 ·· 47

六、"科技九条"对我们的启示 ···································· 52

附录1　欧盟创新计分牌 ·· 56

附录2　硅谷指数 ··· 60

附录3　全国科技进步统计监测 ···································· 67

附录4　创新型城市建设监测评价 ·································· 71

附录5　中国创新指数 ··· 74

附录6　创新型国家进程监测 ······································· 78

附录7　中关村指数 ·· 81

附录8　中国城市创新报告 ·· 84

第一部分 城市创新指数评价指标体系

正确理解创新概念和准确把握创新城市的基本特征是建立城市创新指数评价指标体系的重要基础。本研究对涉及创新国家、创新地区和创新城市评价有关的研究成果进行了深入研究，特别是参考了经济合作与发展组织（OECD）的《OECD科学技术和工业创新计分牌》，欧盟的《欧洲创新计分牌》（包括《全球创新计分牌》），科技部的《全国科技进步统计监测报告》，国家统计局的《创新型国家进程统计监测研究报告》等，将创新城市基本特征归纳如下。

1.充分的创新资源和创新条件

创新以具有较高的经济发展水平为条件，还需要具有丰富的、可持续的创新人力资源，以及较高的社会信息化水平和一定数量的科研机构作为支撑。

2.理想的创新投入水平

没有创新投入就难以开展创新活动，包括企业创新、产业创新以及产品创新。创新水平的高低还体现为政府对创新的重视程度，以及政府对企业创新的有力支持。

3.有效的企业创新活动

企业创新是全社会创新的基础，是技术创新的最为重要的场所，企业开展创新活动应具有较高的积极性，愿意进行创新的人力、财力投入和研发中心的建设，并重视外部技术的引进和吸收。

4.较高的产业创新水平

在企业创新和城市创新的联系中，产业创新是重要的一环。产业创新就是通过创新成果的应用实现产品创新和新技术的产业化；通过高技术产业和知识密集型服务业的发展使得产业结构得到优化。

5.达到一定规模的创新产出

创新产出是创新水平的重要体现，通过向其他城市以及其他国家或地区输出专利，在技术市场上实现技术交易，以及商品品牌的塑造推广，来增强城市创新竞争能力。

6.经济发展方式的转变

创新效果不仅体现在微观企业上，更为重要的是体现在对经济增长的贡献上，这就是生产效率的提高，包括劳动投入效率、资本投入效率以及能源投入效率的提高。

根据以上创新城市的6个基本特征，考虑到城市统计指标取得的可能性和数据质量，建立由6个一级指标和31个二级指标组成的城市创新指数评价指标体系，详见表1。

表1　城市创新指数评价指标体系

一级指标	二级指标
创新资源	专业技术人员占就业人员比重（%）
	大专以上学历人口占6岁以上人口比重（%）
	百万人口大专院校在校学生数（万人/百万人）
	人均GDP（万元/人）
	万人国际互联网络用户数（万户/万人）
	国家重点实验室数（家）
创新投入	R&D经费支出占GDP比重（%）
	企业R&D经费支出中政府投入比重（%）
	基础研究支出占R&D经费支出比重（%）
	地方财政科技拨款占地方财政支出比重（%）
创新企业	企业R&D经费支出占产品销售收入比重（%）
	开展创新活动的企业占全部企业比重（%）
	企业其他创新经费支出占产品销售收入比重（%）
	企业消化吸收经费支出与技术引进经费支出比例（%）
	企业R&D科学家和工程师占企业就业人员比重（%）
	国家工程技术研究中心数（家）

一级指标	二级指标
创新产业	高技术产业就业人员占全社会就业人员比重（%）
	知识密集型服务业就业人员占全社会就业人员比重（%）
	高技术产业增加值占GDP比重（%）
	知识密集型服务业增加值占GDP比重（%）
	高技术产品出口额占商品出口额比重（%）
创新产出	百万人发明专利拥有量（件/百万人）
	百万人美国专利拥有量（件/百万人）
	百万人技术合同成交额（亿元/百万人）
	百万人向国外转让的专利使用费和特许费（万美元/百万人）
	百万人驰名商标拥有量（个/百万人）
创新效率	高技术产业劳动生产率（万元/人）
	知识密集型服务业劳动生产率（万元/人）
	劳动生产率（万元/人）
	资本生产率（万元/万元）
	综合能耗产出率（万元/千克标准煤）

指标解释与标准值

●专业技术人员占就业人员比重

专业技术人员是创新活动的主要人力资源。我国的专业技术人员是指从事专业技术工作的人员以及从事专业技术管理工作且已在1983年以前评定了专业技术职称或在1984年以后聘任了专业技术职务的人员。具体指工程技术人员、农业技术人员、科研人员（自然科学研究、社会科学研究及实验技术人员）、卫生技术人员、教学人员（含高等院校、中等专业学校、技工学校、中学、小学）、民用航空飞行技术人员、船舶技术人员、经济人员、会计人员、统计人员、翻译人员、图书资料保管人员、档案管理人员、文博人员、新闻出版人员、律师、公证人员、广播电视播音人员、工艺美术人员、体育人员、艺术人员及政工人员。

我国的专业技术人员与国外（国际劳工组织《国际标准职业分类》（ISCO-88））的统计口径有一定的差别，如，我国不包括公务员、神职人员和失业人员中原来从事过专业技术工作的人员等，国外均包括在内。而我国包括企事业单位的政工人员，国外则不包括。据国家统计局有关机构估算，国外口径要比我国口径宽50%左右。发达国家的万人专业技术人员数在600～1500人/万人之间；最高的是德国，为1400多人/万人；最低的为日本和韩国，在600人/万人左右。从全国和参评城市看，就业人员为人口的1/2左右，在此基础上考虑到城乡之间的差别，城市的专业技术人员占就业人员比重的最高标准应设为30%。

●大专以上学历人口占6岁以上人口比重

创新人力资源与国民的受教育水平和劳动者素质密切相关，而大专以上学历人口占6岁以上人口比重也是反映科技人力资源和劳动者素质的重要指标。大专以上学历人口数来源于国家统计部门的人口调查。参照欧洲创新记分牌，考虑到参评城市现有水平，将大专以上学历人口占6岁以上人口比重确定为45%。

●百万人口大专院校在校学生数

创新与教育是密不可分的。教育不仅是知识和专业技能的直接来源，可提高人口素质，而且，一定规模的在校生对当地创新活动的支持和影响也不容忽视。在校生虽然不属于专业技术人员，但从近年来科技论文作者的构成看，在校生，特别是在校博士生和研究生已渐成研究的主力，已成为当地重要的科技活动人力资源。参照欧洲创新记分牌中相关指标的标准，将百万人口大专院校在校学生数评价标准设为15万人/百万人。

●人均GDP

经济社会的快速、持续、稳定发展离不开创新活动，创新活动的开展也离不开一定的经济社会发展水平的依托。创新资源不仅需要人力的支持，也需要财力、物力的支持。人均GDP是衡量一个国家或城市经济发展水平最具有代表性的指标。全面建设小康社会的标准为人均GDP达到4000美元，按现时汇率约为30000元（人民币）。考虑到城乡之间的差距，且参评城市均为我国经济较为发达的大中城市，多数城市在2000年时就已经达到或超过了这一标准，因此按这些城市2000年已经达到4000

美元后再翻两番计算，评价标准确定为12万元（人民币）。

● **万人国际互联网络用户数**

信息化建设，特别是国际互联网络的发展既是科技发展的直接成果和体现，又是创新活动得以顺利开展的条件，两者具有相互依存、相互促进的关系。万人国际互联网络用户数采用的是信息产业部统计并公布的数据。评价标准设定为0.5万户/万人，即基本上达到每两人有一人"上网"的水平。

● **国家重点实验室数**

国家重点实验室是依托一级法人单位建设、具有相对独立人事权和财务权的科研实体，作为国家科技创新体系的重要组成部分，是国家组织高水平基础研究和应用基础研究、聚集和培养优秀科学家、开展高层次学术交流的重要基地。国家重点实验室的数量反映了城市原始创新的能力。本书中国家重点实验室包括国家重点实验室、企业国家重点实验室和国家实验室。根据参评城市的具体表现，将这一指标的评价标准设为20家。

● **R&D经费支出占GDP比重**

R&D经费支出占GDP比重是国际上通用的衡量国家或地区科技投入水平最为重要、最为综合的指标。发达国家在人均GDP达到3000-4000美元时这一比例所达到的最低水平为2.5%，全国科技进步统计监测标准和创新国家进程监测标准也是2.5%。考虑到参评城市的R&D经费支出合计可达到全国R&D经费支出的3/5左右，将这一指标的评价标准确定为6%。

●企业R&D经费支出中政府投入比重

企业R&D经费支出中政府投入比重反映了政府对企业创新活动的支持力度。在我国，企业已成为R&D经费投入的主体，企业R&D经费支出占全社会R&D经费支出的比重已达到60%以上。发达国家经验表明，企业创新活动离不开政府的支持和帮助。根据参评城市这一指标的表现，将评价标准确定为50%。

●基础研究支出占R&D经费支出比重

基础研究水平代表着知识创新水平的高低，也是创新型国家或创新型城市的重要区别。我国基础研究经费占R&D经费支出的比重保持在5%左右，而发达国家一般在20%左右，这一比重相对较低的日本也在10%以上，创新型国家进程监测标准为15%。根据参评城市当前的水平，将评价标准确定为20%。

●地方财政科技拨款占地方财政支出比重

地方财政科技拨款占地方财政支出比重是衡量地方政府科技投入力度的重要指标。根据我国现阶段科技经费投入趋势及中央、地方、企业之间投入比例关系，将评价标准确定为5%。

●企业R&D经费支出占产品销售收入比重

企业R&D经费支出占产品销售收入比重是衡量企业科技经费投入的重要指标。发达国家经验表明，若这一比例低于2%，企业创新将难以维持，只有高于6%，企业创新才能形成良性循环。因此，将评价评价标准确定为6%。

●**开展创新活动的企业占全部企业比重**

企业是创新的主要场所，是新技术应用的主要用户。因此，开展创新活动的企业占全部企业比重的大小可以反映出一个国家或城市技术创新活动的普及程度。创新型国家进程监测标准为43.7%，而从参评城市这一指标的水平看，普遍高于这一标准。从企业都应开展创新活动的角度考虑，设定这一标准作为创新城市评价标准较为合适，即标准为100%。

●**企业其他创新经费支出占产品销售收入比重**

企业其他创新经费支出包括技术引进经费支出、消化吸收经费支出、技术改造经费支出和购买国内技术经费支出。企业其他创新经费支出占产品销售收入比重=（企业技术引进经费支出+企业消化吸收经费支出+企业技术改造经费支出+企业购买国内技术支出）/企业产品销售收入比重×100%。从参评城市看，这一指标高于企业R&D经费支出占产品销售收入比重，但表现不太稳定，年度之间差别较大，且参评城市平均水平低于全国平均水平。通过测算，评价标准按企业R&D经费支出占产品销售收入比重的标准，同样设定为6%较为适宜。

●**企业消化吸收经费支出与技术引进经费支出比例**

引进与消化吸收都是企业技术创新相辅相成的重要手段。不引进就无法消化吸收，但只引进不进行积极有效的消化吸收，企业自主创新也无法维持。我国企业盲目引进、忽视消化吸收的倾向较为严重，设置这一指标有利于促进企业在引进技术的同时加强对消化吸收的重视。发达国家的经验表明，消化吸收经费支出至少应达到引进经费支出的3倍以上，因此，将评价标准确定为300%。

●**企业R&D科学家和工程师占企业就业人员比重**

企业R&D科学家和工程师占企业就业人员比重是衡量企业创新人力投入水平的重要指标。通过测算，将这一指标用于城市之间的比较，要明显优于企业R&D科学家和工程师占全社会R&D科学家和工程师比重。这是由于参评城市主体功能的不同，企业R&D科学家和工程师规模有着明显差别，基于企业就业人员规模的比较更符合城市之间的比较。根据参评城市的企业状况，将评价标准确定为5%。

●**国家工程技术研究中心数**

国家工程技术研究中心是科技部依托于行业、领域科技实力雄厚的重点科研机构、科技型企业或高校，设立的拥有国内一流工程技术研究开发、设计和试验的专业人才队伍，具有较完备的工程技术综合配套试验条件，能够提供多种综合性服务，与相关企业紧密联系，同时具有自我良性循环发展机制的科研开发实体。国家工程技术研究中心的数量反映了城市高端技术研发的实力。根据参评城市的企业状况，将评价标准确定为12家。

●**高技术产业就业人员占全社会就业人员比重**

高技术产业就业人员占全社会就业人员比重反映了创新对产业结构的优化程度。高技术产业是按照国家统计局国统字［2002］033号文件中制定的《高技术产业统计分类目录》进行统计的。包括：信息化学品制造业、医药制造业、航空航天器制造业、电子及通信设备制造业、电子计算机及办公设备制造业、医疗设备、仪器仪表制造业。这一指标的评价标准参考了发达国家以及参评城市的水平，确定为10%。

●**知识密集型服务业就业人员占全社会就业人员比重**

知识密集型服务业又可称为高技术服务业。《OECD科学技术和工业记分牌》认为，基于ISIC第3版可被视为知识密集型行业的"市场"服务活动包括：① 第64类：邮政和电信；② 第65～67类：金融和保险；③ 第71～74类：商业活动（不包括房地产）。将ISIC第3版与我国国民经济行业分类（GB/T4754—2002）对照，可大致转换为我国的国民经济行业：①邮政业；②信息传输、计算机服务和软件业；③金融业；④租赁和商务服务业；⑤科学研究、技术服务和地质勘查业。以上5个行业之和大体代表了我国的知识密集型服务业。知识密集型服务业就业人员占全社会就业人员比重的评价标准根据发达国家以及参评城市的水平，确定为10%。

●**高技术产业增加值占GDP比重**

高技术产业增加值占GDP比重反映了区域产业结构中高技术产业的发展情况，是创新能力在产业发展中的体现。参考发达国家以及参评城市水平，将参评城市评价标准确定为30%。

●**知识密集型服务业增加值占GDP比重**

知识密集型服务业又可称为高技术服务业。《OECD科学技术和工业记分牌》认为，基于ISIC第3版可被视为知识密集型行业的"市场"服务活动包括：① 第64类：邮政和电信；② 第65～67类：金融和保险；③ 第71～74类：商业活动（不包括房地产）。将ISIC第3版与我国国民经济行业分类（GB/T4754—2002）对照，可大致转换为我国的国民经济行业：①邮政业；②信息传输、计算机服务和软件业；③金融业；④租赁和商务服务业；⑤科学研究、技术服务和地质勘查业。以上5个行业之和大体代表了我国的知识密集型服务业。参考发达国家以及参评城市水平，将该指标的标准确定为30%。

●**高技术产品出口额占商品出口额比重**

高技术产品出口额是根据海关总署《高技术产品目录》从商品出口额中分离出的数据，按原产地进行统计。高技术产品出口额占商品出口额比重可以反映一个国家或城市高技术产品的国际竞争力水平。全国科技进步统计监测标准为40%，但许多参评城市已超过这一水平，因此将评价标准确定为80%。

●**百万人发明专利拥有量**

专利的数量是反映一个国家或城市科技活动产出水平的重要指标，发明专利的数量又是其中极为重要的指标。测度发明专利水平的指标可分为发明专利授权量和发明专利拥有量。前者反映的是一定时期（通常为一年）发明专利产生的数量；后者反映的是在某一时点上发明专利的存量。根据国家知识产权局专家论证，发明专利授权量（在美国申请授权）每年大于3万件为专利核心国，1万～3万件为专利强国，3000～1万件为专利大国。我国的目标是争取在2020年达到专利大国的水平，并向专利强国迈进。全国科技进步统计监测是根据《中国小康社会科技发展指标》的测算，也即万名就业人员发明专利授权量3件/万人的目标，再根据目前发明专利授权量和拥有量之间的数量关系，将评价标准确定为万名就业人员发明专利拥有量为8件/万人。创新国家进程监测中将百万人发明专利授权量标准确定为1.7件/百万人。考虑到城市在专利产出中的作用以及参评城市现有水平，将百万人发明专利拥有量确定为800件/百万人。

●**百万人美国专利拥有量**

美国专利拥有量的数据来源于美国联邦专利局，是指自1976年以来我国参评各城市在美国申请并授权的有效专利数量。这一指标2005年美国为301.4件/百万人，日本为273.9件/百万人，欧盟25国为59.9件/百万人。参考参评城市现有水平，将百万人美国专利拥有量的评价标准确定为80件/百万人。

●**百万人技术合同成交额**

技术市场的发展，技术成果交易的繁荣，对技术成果迅速转化为生产力具有十分重要的作用，并反映了技术成果的市场化水平。全国科技进步统计监测标准是根据近年来沿海发达地区技术市场上技术成果成交额的平均水平，确定为200万元/万人。考虑到参评城市现有水平，将创新城市评价标准确定为20亿元/百万人。

●**百万人向国外转让的专利使用费和特许费**

技术成果成交额反映的是国内技术成果的市场化水平，而向国外转让的专利使用费和特许费则反映了我国技术成果的国际竞争力和市场化水平。此资料通过国民经济核算体系中的国际收支平衡表取得，考虑到参评城市现有水平差距较大，将创新城市评价标准确定为600万美元/百万人。

●**百万人驰名商标拥有量**

商标是工业产权的重要组成部分。这是因为商标总是与某一商品或服务特有的专利、非专利发明、技术标准和技术诀窍相联系，因此商标的拥有和使用反映了技术创新的水平和程度。驰名商标拥有量数据来源于知识产权统计资料，根据参评城市的表现将评价标准确定为10个/百万人。

● 高技术产业劳动生产率

高技术产业劳动生产率为高技术产业增加值与高技术产业就业人员数之比。反映了高技术产业劳动投入量与产出量之间的关系。全国科技进步统计监测根据我国近年来高技术产业经济效益状况，以及国民经济总体的劳动投入与产出水平，将评价标准确定为15万元/人。考虑到参评城市现有水平，将评价标准确定为50万元/人。

● 知识密集型服务业劳动生产率

知识密集型服务业劳动生产率为知识密集型服务业增加值与知识密集型服务业就业人员之比。反映了知识密集型服务业劳动投入与产出之间的关系。考虑到参评城市现有水平，将评价标准确定为100万元/人。

● 劳动生产率

区别于劳动和资本对经济社会外延发展的作用，创新的作用体现为对集约型经济发展方式的促进。而集约型经济增长方式具体体现为人、财、物的节约和使用效率的提高。劳动生产率是从劳动节约的角度反映经济发展方式转变的指标，为生产总值与就业人员数之比。考虑到参评城市现有水平，将评价标准确定为20万元/人。

● 资本生产率

资本生产率反映的是资本投入量与经济产出量之间的关系，经济产出量由生产总值表示。反映资本投入量的指标为固定资本形成存量净额，由各城市基年（1978年）的固定资本形成存量净额、每年的固定资本形成和折旧额，用永续盘存法求得。全国科技进步统计监测对发达国家资本生产率进行了测算，美国、英国等欧美国家资本生产率普遍较高，在20世纪70年代至90年代末的20多年时间内资本生产率基本保持在0.7至1（每1货币单位的固定资本存量可创造0.7至1货币单位的GDP）之间。而日本和亚洲四小龙大致保持在0.4至0.9之间。因此，取1作为评价标准。我国城市资本生产率和地区生产率之间的差距不大，因此也采用1作为创新城市评价标准。

●综合能耗产出率

我国是一个能源相对短缺的国家，因此，在现代化进程中提高能源使用效率具有十分重要的意义，而这只能通过创新得到解决。通过对发达国家在人均生产总值达到4000美元时综合能耗产出率的测算，普遍达到5美元/千克标准煤的水平。参考国内城市发展状况，将42元/千克标准煤作为创新城市评价标准。

评价指标的选取除了依据创新城市基本特征外，还遵循了以下一些原则：

（1）公开性。基础数据均为纳入政府统计调查制度的统计指标，便于社会各界进行核实和索引。

（2）标准化。基础数据均为以国家统计标准计算的统计指标，不采用以地方统计标准计算的统计指标，以保证指标口径的一致性。

（3）简洁化。在由基础指标形成二级指标的过程中，尽可能遵守统计规范，即使用规范的指标名称，规范的合成方法，不采用修匀方法平滑，以真实反映指标值的变化和波动。

（4）联系实际。从城市创新指数评价指标体系的基本框架可以看出，它大体上与欧盟《欧洲创新计分牌》和国家统计局"创新型国家进程监测指标体系"保持着一致。在评价指标的选取上，也尽可能采用上述两个指标体系的指标，即使在数据条件不满足时也选择较为相似的指标。但是，这一指标体系也考虑到中国的国情和特色，如在基本框架中，增设了一级指标"创新效率"，这是上述两个指标体系所没有的。这是因为中国经过30年的改革开放，虽然经济社会取得了极大的进步，但外延型、粗放型扩大再生产的模式却没有发生根本性转变。特别是一些物质资本和人力资本较为充裕的大城市，资本产出效率和劳动产出效率甚至还有所下降。因此，有必要根据创新必然改变经济发展方式这一基本特征，与城市创新相联系进行评价。

各指标在城市创新过程中起到的作用并不相同，项目组在建立指标体系时没有采用平均加权的方法。通过向15位长期研究科技管理和创新的专家发放调查问卷，项目组确定了一、二级指标的权重。

另外，本书采用上一年的数据测算当年的创新指数，比如青岛2011年的创新指数是依据2010年的各项统计数据测算所得。

第二部分　评价方法

城市创新指数评价采用统计综合评价方法，即在城市创新指数评价指标体系的基础上，应用综合评价方法将不同量纲的指标加以综合而形成无量纲化的二级评价值，将这些评价值按照创新资源、创新投入、创新企业、创新产业、创新产出和创新效率等6个模块加以合成为6个一级评价值（一级指数），然后再将这6个一级指数合成为总指数。各级评价值指数的计算方法如下：

（1）二级指标评价值（二级指数），将各二级指标除以相应的评价标准，得到的评价值，计算方法为：

$$d_{ij} = \frac{x_{ij}}{x_j} \times 100\%$$

其中：x_{ij}为第i个一级指标下的第j个二级指标；x_j为第j个二级指标相应的标准值；当$d_{ij} \geqslant 100$时，取100为其上限值。

（2）一级指标评价值（一级指数），由二级指标评价值加权综合而成，即

$$d_i = \sum_{j=1}^{n_i} w_{ij} d_{ij}$$

其中：w_{ij}为各二级指标评价值相应的权数；n_i为第i个一级指标下设的二级

指标的个数。

（3）总评价值（总指数），由一级指标加权综合而成，即

$$d = \sum_{i=1}^{n} w_i d_i$$

其中：w_i 为各一级指标评价值相应的权数；n 为一级指标个数。

本方法采用固定的标准值对原始数据进行归一处理，既便于参评城市当前创新指数与往年的纵向比较，又可以与同类城市进行横向的比较分析。评价标准重点参考了欧盟《欧洲创新计分牌》和国家统计局"创新型国家进程监测指标体系"的监测标准。同时，考虑到我国城乡差异较大的国情和城市评价的特殊性，以及参评城市的实际水平，适当地调高了各指标的评价标准。这样，创新城市评价标准明显高于创新型国家的评价标准，大致相当于发达国家的较高水平。

第三部分 青岛城市创新指数评价

一、城市创新指数

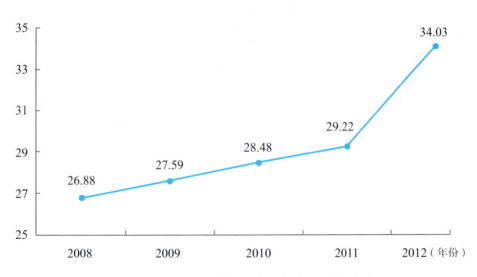

图1 2008-2012年青岛城市创新指数变化趋势图

2012年青岛城市创新指数是34.03。从图1可以看出，2008-2012年青岛城市创新指数分别为26.88、27.59、28.48、29.22和34.03，呈现逐年递增趋势，年均增长率约为6.07%。表明近年来随着创新型城市建设的进一步深入，青岛市的创新能力和水平得到持续提高，但与经济社会发展和产业升级需求相比，增长速度仍较为缓慢。

二、创新资源指数

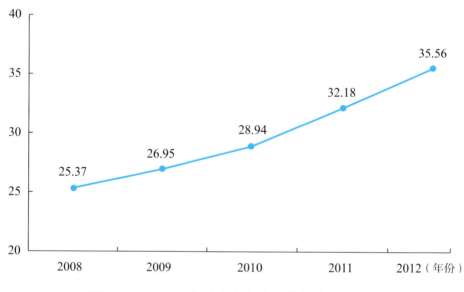

图2 2008-2012年青岛创新资源指数变化趋势图

图2显示，2012年青岛创新资源指数为35.56。2008-2012年，青岛城市创新资源指数持续增加，年均增长率达到8.81%。其中，大专以上学历人口占6岁以上人口比重从7.71%增加到13.12%；百万人口大专院校在校学生数从3.61万人/百万人增加到3.31万人/百万人；人均GDP增长迅速，从4.34万元/人提高到9.49万元/人，接近人均1万美元；国家重点实验室数量实现突破，达到6家；万人国际互联网络用户数从0.15万户/万人增加到0.22万户/万人；专业技术人员占就业人员比重扭转了连续三年下降的趋势（从2008年的7.02%下降到2010年的6.44%），回升到6.94%。创新资源

是开展创新活动的基础。由于国家布局等历史原因，青岛市的高等院校和科研院所等资源远落后于国内同类城市，加强科技资源建设、整合将成为青岛市未来一段时间提升创新能力的关键。

三、创新投入指数

图3　2008–2012年青岛创新投入指数变化趋势图

如图3所示，2012年青岛创新投入指数为33.54。五年来，青岛市创新投入指数在2010和2011年呈现持续下降态势，且2011年大幅下滑，但2012年出现快速反弹增长，超过2009年的创新投入指数，达到33.54。

创新投入指数中R&D经费支出占GDP比重实现连续五年增长，从2008年的1.96增至2012年的2.61%；企业R&D经费支出中政府资金比重从2008年的1.71%增加到2012年的2.56%；基础研究支出占R&D经费支出比重从2008年的3.58%增至4.76%，表明政府对企业创新和基础研究的支持力度不断增强。但是，地方财政科技拨款占地方财政支出比重出现下滑，从2008年的2.63%降至2012年的2.45%，主要由于2010年（2.36%）和2011年（1.85%）地方财政科技拨款占地方财政支出比重下滑趋势明显，虽然2012年比重增长较大，但相较于2008年和2009年（2.71%）仍略有下降。科技投入是提升科技创新能力的重要保障，创新投入指数的下降影响青岛市科技创新活动的开展，但2012年青岛市已意识到此问题，特别是在基础研究支出和地方财政科技拨款等方面作出较大调整，实现了科技投入指数的反弹。

四、创新企业指数

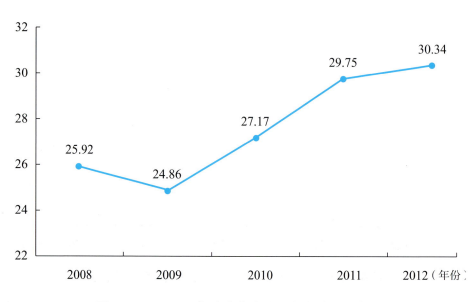

图4　2008-2012年青岛创新企业指数变化趋势图

如图4所示，2012年青岛创新企业指数为30.34。2008-2012年，除2009年出现轻微下滑外，青岛市的创新企业指数总体呈现上升趋势。反映了企业作为青岛市的创新主体，自主创新能力稳步提高。其中，国家工程技术研究中心数由1家增加为9家，增长迅速；企业R&D经费支出占产品销售收入比重从1.52%增至2012年的1.68%。但是，企业R&D科学家和工程师占企业就业人员比重从2.17%下降到1.96%；企业消化吸收经费支出与技术引进经费支出比例从52.86%下降到46.68%；开展创新活动的企业占全部企业比重从35.88%下降到25.98%；企业其他创新经费支出占产品销售收入比重从0.66%下降到0.39%，四项指标都出现不同程度的下降。

五、创新产业指数

图5   2008–2012年青岛创新产业指数变化趋势图

如图5所示，2012年青岛的创新产业指数是16.53。从近五年的发展趋势看，青岛创新产业指数变化幅度较小，且是6个一级指标中唯一一个保持连续下滑态势的指标，仅在2009年出现微弱增长，表明近几年青岛市的经济增长主要依靠资源、人力的拉动，增长方式粗放，产业效率增长缓慢。二级指标中，知识密集型服务业增加值占GDP比重从8.20%增长到8.70%；高技术产业就业人员占全社会就业人员比重从2008年的1.87%下降到2012年的1.33%；高技术产业增加值占GDP比重从4.47%下降到3.64%；知识密集型服务业就业人员占全社会就业人员比重从1.37%降至1.36%。这反映了青岛市高技术产业发展较为缓慢，低于同期GDP的增长速度；同时，知识密集型服务业发展良好，对就业和GDP增长的贡献比较明显。

六、创新产出指数

图6 2008–2012年青岛创新产出指数变化趋势图

如图6所示，2012年青岛创新产出指数为27.38。五年来，青岛市创新产出呈现快速增长的态势，增长152.58%，年均增长率达到26.07%。其中，5个二级指标都出现了大幅增长，百万人发明专利拥有量从114.23件/

百万人提高到464.58件/百万人，增长了4倍多；百万人美国专利拥有量从4.05件/百万人增长到8.30件/百万人；百万人技术合同成交额从1.05亿元/百万人增长为2.10亿元/百万人，增长了1倍；百万人向国外转让的专利使用费和特许费从6.71万美元/百万人增长到10.35万美元/百万人；百万人驰名商标拥有量也从2.62个/百万人增长为4.43个/百万人。

七、创新效率指数

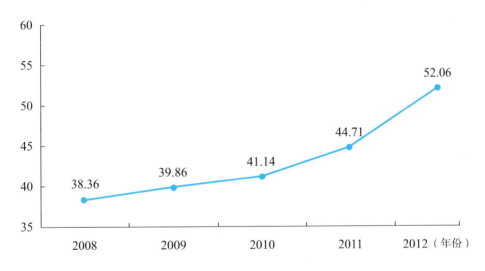

图7　2008-2012年青岛创新效率指数变化趋势图

如图7所示，2012年青岛创新效率指数为52.06，是6个一级指标中得分最高的指标。2008-2012年，青岛市创新效率平稳增长，年均增长率约为7.93%。在二级指标中，除资本生产率逐年下降外（从2008年的0.48万元/万元下降到2012年的0.38万元/万元），其他4个指标都有明显的上升。高技术产业劳动生产率从17.91万元/人上升为27.69万元/人；知识密集型服务业劳动生产率从45.17万元/人增加到75.50万元/人；劳动生产率从6.27

万元/人增加到10.51万元/人；综合能耗产出率从11.49万元/千克标准煤上升为21.65万元/千克标准煤，提高近90%，能源利用率大幅提高。

第四部分　青岛与其他副省级城市的对比分析

一、创新指数

从图8可以看出，5年来，青岛创新指数在副省级城市中的排名始终徘徊在后几位，在2012年排名出现较大提升。2008–2010年青岛创新指数排第14位，2011年上升到第13位，2012年上升到第10位，超过宁波、成都、济南，但差距很小。

2008–2012年，副省级城市中，深圳稳居第一名，领先优势明显；广州、南京、厦门、杭州等城市的排名虽有不同，但一直占据前5位；武汉、沈阳、西安、大连等城市位居中游；青岛、济南、成都、宁波、哈尔滨、长春等城市在下游徘徊。其中，哈尔滨的排名下降明显，比2008年下降5位；长春的创新指数始终居于副省级城市的最后一位。

图8 2008-2012年青岛与其他副省级城市创新指数排名

二、创新资源指数

图9显示，2012年青岛创新资源指数在副省级城市中排名第14位，只领先于成都，排名最高为2010年的第13位。

在创新资源指数的二级指标构成中，青岛的人均GDP排在副省级城市的第5位；专业技术人员占就业人员比重、万人国际互联网用户数、国家重点实验室数均排在第11位；但百万人口大专院校在校学生数、大专以上学历人口占6岁以上人口比重排名比较靠后，分别排在第13和第14位。反映出青岛市的人均GDP虽然居于前列，创新人才投入、信息化水平与科研机构数量也处在中游，但在全社会平均受教育程度、高等院校数量等方面与先进城市相比存在较大差距。

2012年，在副省级城市中，南京、广州、厦门、武汉、深圳、杭州等城市的创新资源指数排在前列，其中厦门的排名波动最大，2011年排名最高升至第1位，2009年和2010年排名最低降至第7位；长春、哈尔滨、宁波、济南、沈阳等科研资源较为丰富的城市排在中游，哈尔滨排名上升最快，由2011年的第15位升至第8位；西安、大连、青岛、成都等城市排名处在下游，其中西安从2011年的第8位降至第12位。

图9　副省级城市创新资源指数排名

三、创新投入指数

如图10所示，2008—2012年青岛创新投入指数在副省级城市中的排名呈现连续下降后上升的态势，从2008年的第10位，下降到2011年第13位，2012年又升至第10位。

在创新投入指数的二级指标构成中，青岛的R&D经费支出占GDP比重、基础研究支出占R&D经费支出比重均排名第6位，地方财政科技拨款占地方财政支出比重排在第9位，企业R&D经费支出中政府资金比重排在第11位，落后于多数城市。

2012年，在副省级城市创新投入指数排名中，杭州、西安、沈阳、大连、广州等城市排在前列；南京、深圳、成都、厦门、青岛、宁波等城市处在中游；哈尔滨、武汉、济南、长春等城市位于相对落后的位置。

图10 副省级城市创新投入指数排名

四、创新企业指数

图11显示,2012年,青岛创新企业指数在副省级城市中排第8位,比2008年上升2位,青岛市企业开展创新活动的活跃程度有所提高。

从创新企业指数的二级指标构成来看,青岛市的企业消化吸收经费支出与技术引进经费支出比例、企业R&D经费支出占产品销售收入比重和国家工程技术研究中心数这3个指标表现良好,在副省级城市中分别排在第3、5、5位;企业R&D科学家和工程师占企业就业人员比重表现一般,排在第8位;开展创新活动的企业占全部企业比重和企业其他创新经费支出占产品销售收入比重两个指标分别排在第11和第14位,表现较差。

2012年,在副省级城市中,济南、武汉、哈尔滨、南京、杭州等城市创新企业指数排在前列;深圳、西安、青岛、沈阳、厦门、成都等城市处在中游;广州、宁波、长春、大连等城市排位靠后。深圳创新企业指数相较于总体创新指数较低,主要是由于企业其他创新经费支出占主营业务收入比重低造成的;广州主要是由于其企业中技术含量较低的加工制造类企业所占比重较大,造成企业消化吸收经费支出与技术引进经费支出比例和企业R&D经费支出占产品销售收入比重较低。

图11　副省级城市创新企业指数排名

五、创新产业指数

如图12所示，2008-2012年，青岛创新产业指数由第13位降至第14位，仅高于长春，与排名前列的深圳、厦门等城市差距明显。

青岛市创新产业指数的5个二级指标均排名较低，高技术产业增加值占GDP比重、高技术产业就业人员占全社会就业人员比重、高技术产品出口额占商品出口额比重、知识密集型服务业增加值占GDP比重、知识密集型服务业就业人员占全社会就业人员比重等指标在副省级城市中分别排在第11、11、14、13和15位，表明青岛市的高新技术产业与知识密集型服务业发展速度远落后于同类城市。

2012年，在副省级城市中，深圳的创新产业指数指标值达到71.09，远高于其他城市，相当于青岛市该项指标值的4倍多；厦门、南京、西安、武汉等城市也位于前列；广州、杭州、成都、沈阳、宁波、大连等城市处在中游；济南、哈尔滨、青岛、长春等城市处在相对落后的位置。

图12 副省级城市创新产业指数排名

六、创新产出指数

如图13所示，2012年青岛创新产出指数排在第13位，排名在连续三年上升后出现下滑。

在创新产出指数的二级指标中，百万人驰名商标拥有量、百万人美国专利拥有量两个指标排名靠前，分列第5和第7位；但青岛的百万人发明专利拥有量、百万人技术合同成交额、百万人向国外转让的专利使用费和特许费等指标都处在副省级城市的下游，分列第14、14和11位。

在副省级城市中，深圳、广州、厦门、宁波、杭州等城市位于前5位；武汉、南京、西安、沈阳、大连、济南等城市处在中游；成都、青岛、哈尔滨、长春等城市则长期排在下游，与排名靠前的城市存在较大的差距。

图13　副省级城市创新产出指数排名

七、创新效率指数

图14显示，2012年，青岛创新效率指数为52.06，是6个一级指标中表现最好，也是排名最高的。5年来，青岛市创新效率指数在副省级城市中排名逐年上升，从2008年的第6位上升至2012年的第3位。

在创新效率指数的二级指标构成中，青岛市的5个指标都排在副省级城市的前列。综合能耗产出率排在第1位，知识密集型服务业劳动生产率排第2位，高技术产业劳动生产率排第4位，资本生产率位居第5位，劳动生产率排在第6位。

在副省级城市中，深圳、广州、青岛、济南、大连等城市长期居于前列；厦门、南京、杭州、沈阳、武汉、成都排在中游；宁波、长春、哈尔滨、西安等城市则排名靠后。

图14 副省级城市创新效率指数排名

第五部分 青岛创新能力展望

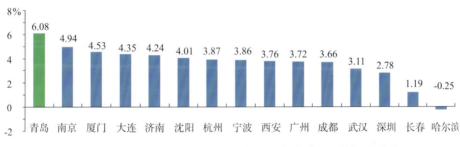

图15 2008-2012年副省级城市创新指数年均增长率排名

从图15可以看出，2008-2012年青岛城市创新指数的年均增长率在15个副省级城市中排首位。其后依次为南京、厦门、大连、济南、沈阳、杭州、宁波、西安、广州、成都、武汉、深圳、长春和哈尔滨。其中，除哈尔滨年均增长率为-0.25%外，其余14个副省级城市均为正增长。深圳领先优势明显，虽然年均增长率不高，但其领先优势将继续保持；南京和厦门相较于广州增长率较高，也将保持前5位的领先优势，并有机会超越广州；大连、沈阳、西安等城市与青岛现有创新指数排名相近，按照目前的增长速度，有机会实现超越，创新指数排名将逐步上升。

展望未来，科技创新能力将成为促进青岛市经济发展方式加速转变的根本动力，提高创新能力是实现创新驱动经济发展、建设创新型城市的必由之路。为此，青岛市仍要加大科技创新投入的力度，在战略新兴产业、现代服务业等创新活动密集的产业领域加强创新资源的部署，加速产业结构调整的步伐，进一步培育和提高企业的自主创新能力，加快创新型人才队伍的培养和建设，努力营造有利于创新的环境氛围，早日实现创新型城市的建设目标。

第六部分　南京科技体制综合改革试点城市建设经验

2012年1月19日，江苏省科学技术厅、江苏省教育厅、中共南京市委、南京市人民政府联合发文出台了《关于印发深化南京国家科技体制综合改革试点城市建设　打造中国人才与创业创新名城的若干政策措施的通知》（以下简称"科技九条"），在全国引起了广泛反响。"科技九条"政策全力突破高校院所和国有事业、企业单位科技人员创业的体制机制的制约，真正解决科技创业者的身份之忧、科技人员与科研成果的市场价值低、科技创业企业初创期难等三个方面的问题，具有很强的针对性、前瞻性和突破性，在科教人才管理、科技创新保护和科技创业鼓励扶持等方面都有较大的突破，其核心目的是通过扶持科技创业，解放南京的人才和科技生产力。"科技九条"政策是南京市委市政府解放思想，大胆创新的成果。政策针对性强、力度大，是目前国内各城市中"含金量"较高的创新创业政策。

自2009年6月南京市被科技部确定为国家唯一的科技体制综合改革试点城市以来，南京市放开手脚三年三连击，从2010年出台的具有南京特色的科技创新创业"20条政策";到2011年制定的科技创新"1+8"政策体系,科技创业特别社区建设构想以及"321"人才引进计划;至2012年新年伊始出台的"科技九条",一系列优惠政策和人才计划陆续出炉。2010、2011两年,南京市兑现科技创新20条奖励资金总额近5亿元,兑现"紫金人才计划"奖励资助资金近亿元。

一、南京是全国唯一一个科技体制综合改革试点城市

2009年4月10日,国家科技部、教育部、中国科学院正式批复同意南京市为全国唯一一个科技体制综合改革试点城市。南京科教机构和人才数量均位居全国同类城市前列,科教和人才资源优势十分明显,各类科技型企业成长迅速。南京承担国家科技体制综合改革试点任务,要着力在加强统筹协调,促进资源整合,突出企业主体,促进产学研紧密结合,构建创新平台,强化公共服务,大力培养和引进创新创业人才,创新体制机制,完善政策环境等方面取得突破和实效,为国家和江苏省科技体制综合改革探路子、出经验、做示范,同时借机发展南京。

二、出台20条创新转型政策

南京的科教与人才资源在全国占领先优势,但丰富的科教与人才资源优势没有转化为发展优势。为加快推进南京转型发展、创新发展、跨越发展,2010年3月24日,南京市委市政府制订了《南京市推进科技创新,推动产业转型,发展创新型经济的行动计划》,大力实施"三年三个10亿计划",也即三年内筹资10亿元支持科技创新平台建设,筹资10亿元培育新兴产业发展,筹资10亿元引进领军型人才、海内外高层次

人才来南京创业和培育创新团队，并出台了支持载体建设、鼓励技术创新、引进高端人才、集聚生产要素四大类共20条具体的扶持政策，对企业掌握知识产权、开发新产品、投资重大项目、推进两化融合、发展软件产业和国际服务外包、培育企业集团、进行科技成果招商等进行奖励和扶持，如对顶尖人才、领军人才免费租房，住房3年后优惠出售给个人；科技成果承诺在南京市转化，最高补贴1000万元；3年内给予部分税收优惠政策；企业牵头制定国际标准，奖200万元；高校院所科技招商大项目，奖100万元。2010年9月28日，南京市政府召开新闻发布会，公布了"科技创新政策20条"具有代表性的项目，作为第一批兑现项目予以奖励。

三、推出"1+8"创业创新政策体系

南京具有丰富的科教与人才资源，但却没有转化为发展优势，根子在于科技创业不足。针对科教资源转化瓶颈，在借鉴了硅谷和以色列成功经验的基础上，2011年7月，南京市委市政府出台了"1+8"创业创新政策体系，所谓"1"，是指南京市委十二届二十二次全会审议通过的《中共南京市委关于聚焦"四个第一"，实施创新驱动战略，打造中国人才与科技创新名城的决定》（以下简称《决定》）。聚焦人才第一资源、教育第一基础、科技第一生产力、创新第一驱动力这"四个第一"，大力推动科技创新创业。所谓"8"，是指与《决定》配套的八项重点计划，包括科技创业特别社区建设、领军型科技创业人才引进、科技创业家培养、科技创业企业上市辅导、科技创新创业平台共建、科

技创业投融资体系建设、高端研发机构集聚、自主知识产权开发。《决定》把"人才引领、科技创业"和"制度先试、园区先行"作为两条关键举措，以"八项重点计划"作为工作抓手和突破方向，旨在建设具有南京特色的区域创新创业体系。"1+8"政策涵盖了科技创新创业的全流程，形成了一条较为完整的创新创业政策链。作为南京市激励科技创业"组合拳"八项行动计划的重头戏，此后5年，南京市将实施"南京321计划"，大力引进3000名领军型科技创业人才，重点培养200名科技创业家，加快集聚100名国家"千人计划"创业人才。

四、打造紫金科技创业特别社区

南京出台的激励科技创新创业资源的"八项行动计划"，排在首位的便是"科技创业特别社区建设计划"。科技创业特别社区有"四特"：一是载体特殊，针对成果产业化，整合建设孵化器、加速器、中试用房、人才公寓和配套服务设施等载体要素；二是政策特殊，国有股五年不参与分红，鼓励高校以技术成果入股，各级财政对特区不取反予；三是孵育特殊，对评估进入特区的创业人才和企业，鼓励政府提供股权投资；四是管理模式特殊，组建企业化开发公司运作管理。目前，南京全市共规划建设21个创业特别社区，最大程度地创造出适合科技人才创业、科技创业企业成长的良好空间和卓越服务。

以"社区"概念建设的紫金科技创业特别社区，不仅仅是强调科研和创业，而是要打造集科研开发、生产制造、成果孵化、教育教学、综合配套以及休闲娱乐等功能于一体的新型科技创业特别社区。比如紫金

（下关）科技创业特区，建筑面积的1/4用于科技创业孵化器，1/2用于创业企业加速器和中试用房，1/4用于人才公寓、科技创业总部基地和配套设施。

紫金科技创业特别社区并非集中在一个单独社区，而是分布于南京市各区县，针对不同区县的特点，统筹规划不同社区的发展重点，给予政策和金融等支持，该方式可实现区市联动，充分挖掘各区县科技资源，同时避免不同社区之间的产业发展冲突，实现合理统筹的规划与发展。如紫金（吉山）科技创业特别社区将以新兴产业为导向，重点培育软件、创意文化、物联网、总部研发等高端产业。南京市政府已正式批复南京市各紫金科技创业特别社区的规划选址，到2015年，特别社区内已建成孵化器、加速器和中试用房600万平方米，集聚科技创业企业1万家。

五、出台"科技九条"政策

（一）政策全文

（1）允许和鼓励在宁高校、科研院所和国有事业、企业单位科技人员（包括担任行政领导职务的科技人员）离岗创业，年内保留其原有身份和职称，档案工资正常晋升。

（2）允许和鼓励在宁高校、科研院所和国有事业、企业单位职务发明成果的所得收益，按至少60%、最多95%的比例划归参与研发的科技人员（包括担任行政领导职务的科技人员）及其团队拥有。

（3）允许科技领军型创业人才创办的企业，知识产权等无形资产可按至少50%、最多70%的比例折算为技术股份。高校、科研院所转化职务科技成果以股份或出资比例等股权形式给予科技人员个人奖励，按规定暂不征收个人所得税。申请设立企业注册资本在10万元以下的，其资本注册实行"自主首付"办理注册登记，其余出资两年内缴足。

（4）允许在引进的科技领军型创业人才创办的企业中，将市、区（县）属国有股份3年内分红以及按投入时约定的固定回报方式退出的超出部分，用于奖励科技领军型人才和团队。

（5）允许和鼓励以定制的方式，首购首用在南京紫金科技创业特别社区或校地共建大学科技园内设立的科技创业型企业创制的高新技术新产品。建立"首购首用"风险补偿机制，对首购首用单位给予适当的风险资助。

（6）新创业的科技创业型企业所缴纳企业所得税新增部分的地方留成部分，3年内由财政扶持该企业专项用于加大研发投入。经认定的高新技术产品或通过省级以上鉴定的新产品，从认定之日起，3年内由财政按所上缴一般预算收入的相应额度扶持该企业专项用于加大研发投入。

（7）允许和鼓励在宁高校、科研院所科技人员（包括担任行政领导职务的科技人员）在完成本单位布置的各项工作任务前提下在职创业，其收入归个人所有。

（8）在高校、科研院所以科技成果作价入股的企业、国有控股的院所转制企业、高新技术企业实施企业股权（股权奖励、股权出售、股票期权）激励以及分红激励试点。设立股权激励专项资金，对符合股权激励条件的团队和个人，经批准，给予股权认购、代持及股权取得阶段所产生的个人所得税代垫等资金支持。

（9）鼓励在宁高校允许全日制在校学生休学创业。凡到南京市大学创业基地创业的学生，进入基地创业的时间，可视为其参加学习、实训、实践教育的时间，并按相关规定计入学分。

入选中央"千人计划"、省"双创计划"和南京市"321计划"的人才，以及与南京市人民政府战略合作的市外高校、科研院所的科技人员，进驻南京紫金科技创业特别社区或校地共建大学科技园创办科技创业企业的，可参照执行以上相关政策措施。

（二）"科技九条"政策解读

1.核心目的

在"1+8"创业创新政策基础上，按照"敢闯敢试，先行先试"原则，又制定了"科技九条"，这九条政策在科教人才管理、科技创新保护和科技创业鼓励扶持等多方面有了较大的突破。通过鼓励科技创业进一步放活人才、放开科技、放大优势，走出南京科技创业的缄默期，攻克高校科技创业的自闭症，希望"科技九条"政策真正成为破解南京科教人才资源向现实生产力转化难题的一把"金钥匙"。

2.实施范围

实施主体：在宁高校、科研院所和国有事业、企业单位科技人员（包括担任行政领导职务的科技人员）。

实施范围：南京市大学创业基地，南京紫金科技创业特别社区，校地共建大学科技园。

行为主体：到南京市大学创业基地创业，进驻南京紫金科技创业特别社区或校地共建大学科技园创办科技创业企业的科技人员。

3.突出四个导向

一是突出激发活力。南京科教人才资源丰富，但是突出的问题是分散，高校、院所、企业各有各的价值目标、考核导向和利益追求，最大力度地整合各类科技创新资源、最大力度地激发各类创新创业主体活力，成为政策上要突破的关键、认识上要突破的重点。

此政策措施第一条、第九条，目的就是为了解决创业人员的后顾之忧，高校、科研院所和国有事业、企业单位科技人员，在宁高校全日制在校学生眼光不要仅仅局限于学校和科研院所内，要把眼界放宽，引导更多的科技人才投身创新创业，形成南京强大的科技创新人才合力。

二是突出保护创新。鼓励创新就是要充分地体现创新的价值、全方位地保护好创新的成果，让创新者多得利、多受益，帮助更多的"知本家"转化成"资本家"，转化成股东。

此政策措施第二条规定了对职务发明成果所得收益的保护；第七条规定了对在职创业收入的保护，扩大了对创新成果保护的范围，强化了对创新成果保护的力度，有较大的突破，目的就是要强力推动科研人员在宁创业创新。特别是允许和鼓励职务发明成果的所得收益，按至少60%的比例划归参与研发的科技人员，规定下限代表了政府的态度，明确科研人员拿大头。

三是突出支持创业。推进产学研合作，促进科技成果转化，促进科技与经济、科技与产业的紧密结合，是推进科技创新创业的根本目的。南京的科技成果十分丰富，但是科技成果在南京的就地转化率并不太高，2011

年是44%。这次出台的政策中重点加大了对科技创业的鼓励和支持。

此政策措施第三条规定科技领军型创业人才创办的企业，知识产权等无形资产可按至少50%、最多70%的比例折算为技术股份。规定50%的下限肯定了技术人员控股，保护技术人员的利益。高校、科研院所转化职务科技成果以股份或出资比例等股权形式给予科技人员个人奖励，按规定暂不征收个人所得税。申请设立企业注册资本在10万元以下的，其资本注册实行"自主首付"办理注册登记。该条"自主首付"为象征性缴纳注册资本，帮助企业顺利度过创建初期的困难阶段。

第四条规定在引进的科技领军型创业人才创办的企业中，将市、区（县）属国有股份3年内分红以及按投入时约定的固定回报方式退出的超出部分，用于奖励科技领军型人才和团队。国有资本按股权折算注入企业，与企业共成长。超出部分不奖励企业而是奖励个人和团队，用资金激励科研人员。

四是突出扶持企业。企业是推进科技创新创业、促进科技成果转化的主体，推进科技创新必须要创造条件帮助企业做大做强，引导企业转型升级，推动企业增强核心竞争力，从而更好地引导科技创新、助推科技发明和技术攻关，全面提升自主创新能力。

本政策措施第五条明确允许和鼓励以定制的方式，首购首用在南京紫金科技创业特别社区或校地共建大学科技园内设立的科技创业型企业创制的高新技术新产品。该项并非政府采购，而是建立"首购首用"风险补偿机制，对首购首用单位给予适当的风险资助。

第八条规定在高校、科研院所以科技成果作价入股的企业、国有控股的院所转制企业、高新技术企业实施企业股权（股权奖励、股权出售、股票期权）激励以及分红激励试点。设立股权激励专项资金，对符合股权激励条件的团队和个人，经批准，给予股权认购、代持及股权取得阶段所产生的个人所得税代垫等资金支持。该条借鉴了国内高新区的经验，比如上海张江设立了"代持股专项资金"，推动国有企业进行股权激励。根据上海市新出台的政策，张江园区内国企、高校、科研机构等创新型机构的技术人员及管理人员，可以获得企业股权或分红激励，但对于大多数在创业之初并没有足够积累的技术人员及管理人员来说，不一定有足够的资金可以实现股权激励。创新性机构改制后，技术骨干和管理骨干可以向此专项资金申请出资垫付，并以股权作为抵押。此外，股权激励过程中所产生的税收也可由资金垫付。企业最终上市分红或转让后，技术骨干和管理骨干再按照一定方式返回资金。

第六条规定新创业的科技创业型企业所缴纳企业所得税新增部分的地方留成部分，3年内由财政扶持该企业专项用于加大研发投入。经认定的高新技术产品或通过省级以上鉴定的新产品，从认定之日起，3年内由财政按所上缴一般预算收入的相应额度扶持该企业专项用于加大研发投入。

六、"科技九条"对我们的启示

（一）敢闯敢试，凡是法律法规没有明确限制的，都敢于创新，勇于尝试

南京市敢于制定一些其他地方不敢想或敢想不敢做的政策。比如，

为了激发科技人才的创业活力，允许与鼓励高校、科研院所等单位的科技人员离岗创业，3年内保留原有身份和职称；允许与鼓励科技人员在职创业；鼓励在校学生休学创业等。许多条款都抵住了来自各方面的反对声音，政府先把政策推出来，表明支持创业创新的态度和决心。

（二）广泛借鉴国内外先进地区好的做法

南京市在出台政策前，充分调研，别的地区行之有效的方法和政策，只要能推动南京市的创业创新，都拿来借鉴。比如，允许科研人员保留身份离岗创业和在校学生休学创业，科技成果转化收益的绝大部分归科技人员所有，主要借鉴了美国斯坦福大学的做法；为推动企业股权激励和分红激励，设立股权激励专项资金对个人所得税等进行代垫，则参考了上海张江国家自主创新示范区的政策。

（三）转变观念，人才引领，科技创业

南京市改变了以往重视招商、重视大项目的工作方法，提出把"人才引领、科技创业"作为推动经济增长、推进产业结构升级、转变发展方式的根本途径，工作重点由招商引资向"招才引智"转变，由项目牵引向人才引领转变。为了激发科技人才的创业创新活力，南京市提出"要做最早让智慧者富起来的城市""要让人才取得更多的财富，创造更多的社会财富"。"科技九条"中有五条都与此有关，以保障科技人才在创业创新中的利益。"南京321计划"实施后效果显著，2011年共引进培养领军型科技创业人才315人（含24名中央"千人计划"创业人才）、科技创业家48人、中央"千人计划"创业人才40人，有力地促进

了南京科技创业创新的发展。

（四）政府让利于创新企业，让利于创业人才

在企业初创时期，大多存在资金紧张的情况。"科技九条"通过实行企业"自主首付"注册登记、土地作价入股等政策，减少初创企业的投入成本；通过返还企业所得税新增部分的地方留成部分，扶持企业专项用于加大研发投入；将国有股份3年内分红用于奖励科技型领军型人才和团队。这些措施既有利于初创企业的迅速发展壮大，也提高了科技人才的创业积极性。

（五）建立紫金科技创业特别社区，汇聚各种创业资源

为了给科技人员提供更好的创业环境，南京市设立专项资金支持建设紫金科技创业特别社区（创新创业人才特别集聚区），将优惠政策、创新资源向特别社区集中，最大程度地提供适合科技人才创业、科技创业企业成长的良好空间和卓越服务。特别社区内包括科技创业专业孵化器、加速器、中试用房、人才公寓和配套服务设施等载体。政府为每个创业特别社区设立重点产业发展方向，只有符合发展方向的才能获得支持。

（六）实行科技创业创新考核评价机制

淡化对GDP总量的考核，强化对R&D支出占GDP比重、高新技术产品增加值、发明专利申请总量等与自主创新、科技创业有关指标的考核。建立科技创业创新重点任务督查考核体系、重点工作进展专报制

度。定期对科技创业创新重点工作进行考核评估，并纳入市各有关部门和区县、开发区（工业园）领导班子年度绩效考核，根据考核结果进行奖惩。

（七）对政策进行广泛宣传，发挥最大影响力

"科技九条"出台后，南京市立即召开在宁高校、科研院所和国防科工企业负责人恳谈会，宣传有关政策，同时在各种媒体上进行广泛宣传。建立了专门宣传"南京321计划"的网站（http：//www.321.gov.cn/），方便各种高端人才了解南京的人才优惠政策并可以进行网上申报。南京市主要领导到纽约、旧金山、波士顿、东京等地宣讲政策，吸引了大量留学生回国。

附录1　欧盟创新计分牌

　　欧洲理事会的企业董事会研究所开展的欧盟创新计分牌（EIS, European Innovation Scoreboard）始创于2000年。欧盟创新计分牌研究涵盖了欧盟25个成员国，包括保加利亚、罗马尼亚、土耳其、冰岛、挪威和瑞士，另外还包括美国和日本。EIS指标体系总结了创新绩效的主要方面。2005年欧盟与联合研究中心（JRC, Joint Research Centre）密切合作，进行了EIS自2000年欧洲理事会首次提出后的第5次修订。通过这次修订，评价总体创新指数（SII, Summary Innovation Index）的EIS指标体系经过改良增加到现在的26个，创新指标种类由原来的4类增加为现在的5类，新处理方法通过评估指标间的相关性，允许忽略某几项并增加在新的方面影响创新绩效的数据信息。五类指标被编为创新投入和产出两个部分。

　　创新投入部分含创新驱动因素、知识创造和企业创新三个部分。创新驱动因素主要考察与创新相关的人力资本与基础设施；知识创造主要衡量作为知识经济成功的关键因素以及研发活动的投入情况；企业创新部分则是通过分析参与创新的企业数量与企业对创新的投入，以及信息通讯技术的投资情况反映企业在创新活动中的投入。

创新产出则是从技术应用与知识产权两方面进行分析，技术应用主要考察企业采用高技术带来的新价值。此外，还将参与高技术生产活动的人员纳入考察范围，从企业活动和劳动力方面考察创新带来的价值增加；知识产权则主要考察专利、商标、外观设计的占有量。

2005年欧盟根据以上指标计算各成员国的评价总体创新指数，将此指数数据与指数的增长率数据作为坐标系得纵横轴，以欧盟平均评价总体创新指数和其增长率作为标准，可将欧盟国家分为四类：

领先国家SII高是这类国家的典型特点，SII增长率大多在平均水平附近，如瑞士、芬兰、瑞典、丹麦和德国。日本属于领先国家的典型，SII及其增长率都高于平均水平。美国虽然SII增长率处于一般水平，但因为SII高也属于领先国家。

中间国家包括法国、卢森堡、爱尔兰、英国、荷兰、比利时、奥地利、挪威、意大利和冰岛。这类国家的SII大多位于平均水平，表现一般，其中有些国家的SII增长率很高，如卢森堡，如果能够保持这种趋势，将跻身于领先国家行列，而增长率低的国家不改变现状则可能衰退到落后国家。

追赶国家如斯洛文尼亚、匈牙利、葡萄牙、捷克、立陶宛、拉脱维亚、希腊、塞布罗斯和马耳他。这类国家SII低于中间国家，但增长率明显高于大部分领先国家和中间国家。

落后国家如爱沙尼亚、西班牙、波兰、罗马尼亚和土耳其。

表1　欧盟创新计分牌指标体系

总体指标		具体指标
创新投入	创新驱动	科学与工程类毕业生/20–29岁人口（‰）
		受过高等教育人口/25–64岁人口（%）
		宽带普及率（%）
		参加终身学习人口/25–64岁人口（%）
		青年受高中以上教育程度/20–24岁人口（%）
	知识创造	公共R&D支出/GDP（%）
		企业R&D支出/GDP（%）
		中、高技术R&D/制造业R&D支出（%）
		企业R&D支出中来自公共基金的投入比例
		高校R&D支出中来自企业的投入比例
	企业创新	开展内部创新的中小企业/中小企业总数（%）
		参与合作创新的中小企业/中小企业总数（%）
		创新支出/销售总额（%）
		早期阶段的风险资本投资/GDP（%）
		信息通信技术支出/GDP（%）
		采用非技术变革的中小企业/中小企业总数（%）

续表

总体指标		具体指标
创新产出	技术应用	高新技术服务行业的就业人口比重
		高技术产品出口/总出口额（%）
		市场新产品销售额/销售总额（%）
		企业新产品销售额/销售总额（%）
		受雇于中/高技术制造业的就业人口比重
	知识产权	百万人口拥有的欧洲发明专利数
		百万人口拥有的美国发明专利数
		百万人口拥有的其他第三方专利数
		百万人口新注册的区域性商标数
		百万人口新注册的设计数

附录2 硅谷指数

硅谷指数（Index of Silicon Valley）是硅谷网络联合投资（Joint Venture）为实现自己促进硅谷发展的目标，而制定的一个地区评价指标体系。硅谷指数"讲述硅谷地区的发展状况，反映硅谷的经济实力与社区发展情况，突出挑战，从而为领导层和决策者提供分析基础"。

硅谷网联1998年发布了《硅谷2010：一个致力于共同发展的区域框架》报告。报告规划了硅谷四大战略发展目标：高效增长、繁荣共享的创新经济；保护环境、融洽舒适的宜居社区；善用资源、人与机遇广泛相连的包容社会；责任共担、群策群力的区域治理。根据四大总体发展目标，报告构建了"硅谷2010目标进展测度体系"，体系包括创新经济、宜居环境、包容性社会与区域治理4个方面的内容。这个测度体系成为1999年之后硅谷网联编制《硅谷指数》报告的指标参考原型。

2000-2005年的《硅谷指数》中，除了"硅谷2010目标进展测度"指标外，还有另外一类指标，即"地区趋势指标"。这类指标"以年度为基础，总体上反映硅谷某些关键性的经济变化"，追踪硅谷在就业、产业集聚、公司流动、薪酬、商业空间与租金、因特网连接等方面的进展状况。这类指标不分级别层次，各年度的指标内容并不统一，指标数量在5～10个不等。

　　2006年，硅谷指数将上述两类指标合二为一，形成了统一的硅谷指标体系。合并后的指标体系包括人力资源、创新经济、多样化社区、生活场所、地区治理5个一级指标，人才流动、就业、收入、教育、文艺、健康、安全、公众参与等16个二级指标，二级指标下又细分为59个三级指标。2007–2010年的"硅谷指数"沿用了2006指标体系中的一级指标，二级指标有所调整，三级指标内容和数量浮动较大，四个年度三级指标数依次是71个、77个、86个、82个。表2是2010年指标体系。

表2　硅谷指数2010年指标体系

一级指标	二级指标	三级指标
人力资源	人才流动与多样性	人口变化
		国内外净移民数
		非英语母语人口比例
		非英语母语人口语种分布
		授予理工科学位数
		授予临时非永久居民理工科学位数比例

一级指标	二级指标	三级指标
创新经济	就业	居民就业变化
		就业人口总数
		季度就业增长率
		失业率
		就业服务
		非雇主公司
		就业人员行业分布
		绿色经济机构数及其从业人员数
		绿色经济领域从业人员部门分布
	收入	人均实际收入
		中等家庭收入
		收入分配
		千人非商业性破产率
		接受粮票救济人口比例

续表

一级指标	二级指标	三级指标
创新经济	创新	就业人口人均增加值
		专利注册占有率
		专利注册技术领域分布
		绿色技术注册专利占有率
		风险资本投资额
		风险资本投资行业分布
		清洁技术领域风险投资额
		清洁技术领域风险投资产业分布
		首次公开募股
		企业并购
		商业机构流动
多样化社区	经济繁荣准备	高中生毕业率(按种族)
		符合加州大学/加州州立大学入学要求毕业生比例
		高中生辍学率(按种族)
		代数Ⅱ得分
		加州大学、加州州立大学入学总人数

续表

一级指标	二级指标	三级指标
多样化社区	早期教育	儿童保育安排
		儿童入园率
		儿童教育准备/教师期望
		三年级学生英语能力（按种族）
	艺术与文化	艺术与文化预算
		艺术文化机构的基金资助
		基金捐赠
		艺术文化机构资金来源
	健康质量	儿童免疫率
		当前居民健康保险类型
		婴儿死亡率
		拥有健康保险人口的比例
		预防性治疗住院人数
	安全状况	千人儿童虐待率
		每十万人重大犯罪数(成人和青少年)
		成年人毒品犯罪和戒毒服务
		青少年毒品犯罪和戒毒服务
		公立学校学生因暴力/毒品被开出学籍数

续表

一级指标	二级指标	三级指标
生活场所	交通	人均机动车行驶里程和汽油价格
		人均燃料消费
		通勤方式
		人均乘坐地区公交系统次数
		替代燃料汽车
	土地使用	住宅密度
		靠近公交的住房供给
		靠近公交的非居民区开发面积
	住房	新建可负担住房数
		房租可支付性
		住房可支付性
		止赎销售住房数
		止赎房产销售额占比
	商业空间	商业空间供给变化
		商业空间空置率
		商业用房租金
		新增商业空间面积

续表

一级指标	二级指标	三级指标
地区治理	公民参与	选民参选率与缺席率
	财政收入	城市税收
		变化趋势
		市政债务
		对加州的税收贡献

附录3　全国科技进步统计监测

　　为了对全国及各地区科技活动，以及经济社会领域科技进步状况实施定期的监测，科技部发展计划司自1993年即开展了全国科技进步统计监测及综合评介的研究。特别是"九五"期间逐步形成了较为规范的监测体系和综合评介制度，并取得了较好的效果。2003年，在总结经验和征求专家意见的基础工业上，对全国科技进步统计监测体系进行了较大副度的修订。2012年，课题组又在广泛征求意见的基础上对监测指标进行了一定的修改和完善。

　　全国科技进步统计监测指标体系由科技进步环境、科技活动投入、科技活动产出、高新技术产业化和科技促进经济社会发展等5个一级指标、12个二级指标和34个三级指标组成。

表3　全国科技进步统计监测指标体系（2012）

一级指标	二级指标	三级指标
科技进步环境	科技人力资源	万人R&D活动人员数
		万人大专以上学历人数
	科技物质条件	每名R&D活动人员新增仪器设备费
		科研与综合技术服务业新增固定资产占全社会新增固定资产比重
	科技意识	万名就业人员专利申请量
		科研与综合技术服务业平均工资与全社会平均工资比例系数
		万人吸纳技术成果金额
		开展创新活动的企业占比重
科技活动投入	科技活动人力投入	万人R&D研究人员数
		企业R&D研究人员占全社会R&D研究人员比重
	科技活动财力投入	R&D经费支出占GDP比重
		地方财政支出占地方财政支出比重
		企业R&D经费支出占主营业务收入比重
		企业技术获取和技术改造经费支出占企业主营业务收入比重

续表

一级指标	二级指标	三级指标
科技活动产出	科技活动产出水平	万人科技论文数
		获国家级科技成果奖系数
		万人发明专利拥有量
	技术成果市场化	万人技术成果成交额
		万元生产总值技术国际收入
高新技术产业化	高新技术产业化水平	高技术产业增加值占工业增加值比重
		知识密集型服务业增加值占生产总值比重
		高技术产品出口额占商品出口额比重
		新产品销售收入占主营收入比重
	高新技术产业化效益	高技术产业劳动生产率
		高技术产业增加值率
		知识密集型服务业劳动生产率
科技促进经济社会发展	经济发展方式转变	劳动生产率
		资本生产率
		综合能耗产出率
	环境改善	环境质量指数
		环境污染治理指数

续表

一级指标	二级指标	三级指标
科技促进经济社会发展	社会生活信息化	百户居民计算机拥有量
		万人国际互联网用户数
		信息传略、计算机服务和软件业增加值占生产总值比重

附录4　创新型城市建设监测评价

2010年，为充分发挥城市在推进自主创新、加快经济发展方式转变中的核心带动作用，科技部发布《关于进一步推进创新型城市试点工作的指导意见》（国科发体〔2010〕155号）（以下简称意见）。文件提出："加强评价监测是指导创新型城市建设的有效手段，也是评价试点工作成效的重要依据。各试点城市要把开展监测评价作为试点工作的一项重要内容，积极主动地做好数据积累和相关准备工作，每年提交年度自评报告。在试点城市评价监测的基础上，逐步扩大参与监测评价的城市范围，不断完善评价指标和监测评价工作，为城市创新发展提供决策参考和咨询意见。"

《意见》制定了创新型城市建设监测评价指标（试行），该指标由创新投入、企业创新、成果转化、高新产业、科技惠民、创新环境等6个一级指标、25个二级指标构成。

表4　科技部创新型城市建设监测评价指标（试行）

一级指标	二级指标
创新投入	每万人劳动力从事R&D人员数量（人/万人）
	万名就业人口中受过高等教育人数所占比重（%）
	全社会R&D投入占GDP比重（%）
	地方财政科技拨款占地方财政支出的比重（%）
企业创新	企业R&D投入占企业销售收入的比重（%）
	消化吸收费用占技术引进经费的比重（%）
	规模以上企业中拥有研发机构的企业所占比重（%）
	高新技术企业占企业总数的比例（%）
成果转化	百万人口发明专利授权数（件/百万人）
	百万人口技术市场成交合同额（万元/百万人）
	百万人口拥有的有效商标注册量（个/百万人）
	本市拥有自主创新产品和国家级新产品数量（个）
高新产业	高技术产业增加值占工业增加值的比重（%）
	生产性服务业产值占服务业产值的比重（%）
	主要污染物排放量减少幅度（%）
	万元GDP综合能耗（吨标煤）
	全员劳动生产率（万元/人）

续表

一级指标	二级指标
科技惠民	百人口国际互联网用户数（户/百人）
	城市空气质量指数（%）
	城市污水处理率（%）
	公众基本科学素养
创新环境	科技进步法落实情况
	激励自主创新政策落实情况
	对外开放和国际科技合作情况
	其他本地有特色、有创造性的创新政策措施情况

附录5　中国创新指数

为客观反映建设创新型国家进程中我国创新能力的发展情况，国家统计局社科文司《中国创新指数(CII)研究》课题组在发布2005–2011年中国创新指数(China Innovation Index，CII)的基础上，对2012年的创新指数进行了测算。测算结果显示，2012年中国创新指数（CII）为148.2（以2005年为100），比上年增长6.2%。

中国创新指标体系分成三个层次。第一个层次用以反映我国创新总体发展情况，通过计算创新总指数实现；第二个层次用以反映我国在创新环境、创新投入、创新产出和创新成效等4个领域的发展情况，通过计算分领域指数实现；第三个层次用以反映构成创新能力各方面的具体发展情况，通过上述4个领域所选取的21个评价指标实现。

创新环境，主要反映驱动创新能力发展所必备的人力、财力等基础条件的支撑情况，以及政策环境对创新的引导和扶持力度，共设5个评价指标。

创新投入，通过创新的人力财力投入情况、企业创新主体中发挥关键作用的部门（研发机构）建设情况以及创新主体的合作情况来反映国家创新体系中各主体的作用和关系，该领域共设6个指标。

创新产出，通过论文、专利、商标、技术成果成交额反映创新中间产出结果，该领域共设5个指标。

创新成效，通过产品结构调整、产业国际竞争力、节约能源、经济增长等方面，反映创新对经济社会发展的影响，该领域共设5个指标。

2012年中国创新指数中的创新环境指数、创新投入指数、创新产出指数和创新成效指数分别为144.0、152.2、164.2和132.4，分别比上年增长4.3%、8.2%、9.5%和2.2%。测算结果表明，我国创新环境继续优化，创新投入力度不断加大，创新产出能力明显提高，创新成效稳步增强。

表5 中国创新指数2012指标体系

一级指标	二级指标
创新环境	经济活动人口中大专及以上学历人数
	人均GDP
	信息化指数
	科技拨款占财政拨款的比重
	享受加计扣除减免税企业所占比重
创新投入	每万人R&D人员全时当量
	R&D经费占GDP比重
	基础研究人员人均经费
	R&D经费占主营业务收入比重
	有研发机构的企业所占比重
	开展产学研合作的企业所占比重
创新投入	每万人科技论文数
	每万名R&D人员专利授权数
	发明专利授权数占专利授权数的比重
	每百家企业商标拥有量
	每万名科技活动人员技术市场成交额

续表

一级指标	二级指标
创新成效	新产品销售收入占主营业务收入的比重
	高技术产品出口占货物出口额的比重
	单位GDP能耗
	劳动生产率
	科技进步贡献率

附录6 创新型国家进程监测

为探索反映我国创新型国家建设进程的方法，国家统计局组织开展了"创新型国家进程统计监测研究"。研究的目标是实现对我国创新型国家建设进程的统计监测，也即在有关理论和方法研究的基础上，通过建立能够反映我国创新型国家建设进程的指标体系，研究确定监测方法并测算创新型国家总指数，判断我国在创新型国家建设进程中的位置，为政府制订和完善发展战略、规划和政策提供信息。

创新型国家进程监测指标体系应以"突出自主创新，体现中央精神，坚持国际比较，立足实际操作"为设计原则，具体包括以下五个方面：

1.反映自主创新的内涵和基本特征

自主创新是建设创新型国家的核心，监测指标体系必须突出自主创新，这既是监测创新型国家进程的要求，也是与其他科技进步监测的最大区别。

2.与科技规划和宏观管理的需求相适应

中共中央、国务院《关于实施科技规划纲要增强自主创新能力的决定》和《发展规划纲要》等都提出了一系列发展目标，应将这些目标尽可能多地吸收到监测指标体系中来。

3.实现国际比较

为反映我国与科技先进国家在创新能力上存在的差距和赶超的情况，必须考虑指标的国际可比性，监测指标体系的设计应尽可能地吸收国外已有的研究成果。

4.坚持可操作性

本课题的研究成果将为常规的统计监测奠定基础，因此，指标体系的设计应考虑数据的可得性，监测指标数据的获取要立足于现行的统计制度，辅之以必要的创新调查。

5.注意导向性

通过指标体系的设计和监测工作的开展，对各地区、各行业和企业创新活动的开展起到正确的引导作用。

表6 创新型国家进程监测指标体系

一级指标	二级指标
创新资源	经济活动人口中受过高等教育人数所占比重
	20～29岁人口中新毕业的理工科学生所占比重
	20～24岁人口中受过中等教育人数所占比重和
	人均国内生产总值

续表

一级指标	二级指标
知识创新	R&D经费支出占GDP的比重
	中高技术和高技术产业R&D经费支出所占比重
	基础研究支出占R&D经费支出的比重
	信息通讯产业投资占GDP的比重
技术创新	开展创新活动的企业所占比重
	创新费用投入强度
	企业研发经费中对大学和科研机构支出所占比重
	享受政府创新资助的企业所占比重
创新水平	百万人口发明专利授权数
	百万人口工业设计授权数
	百万人口商标注册数
	国际科技论文引用率
创新影响	高技术产品出口占世界市场的份额
	高技术产业增加值率
	新产品销售收入占全部产品销售收入的比重
	高技术服务业就业人员占全部就业人员的比重

附录7　中关村指数

2005年1月，北京市统计局和中关村科技园区管理委员会首次发布中关村指数，2005-2007年进行了三年多的编制尝试，取得了初步成效。

由于原指数指标体系较为简单，自2008年起，受中关村管委会委托，北京市社会科学院、中关村创新发展研究院、北京方迪经济发展研究院对中关村指数进行改版设计和编制研究。

经过几年的反复修改完善，形成了新的中关村指数指标体系。这一指标体系选取最能体现"具有全球影响力的科技创新中心"内涵和特征、最能突出企业主体地位的核心指标，构建了较为全面反映和深入刻画中关村创新、创业和高新技术产业发展的框架体系。经中关村管委会同意，改版后的"中关村指数"于2012年9月13日面向社会正式对外发布。

中关村指数借鉴了美国硅谷指数的编制思想和方法，结合中关村的实际，形成独特、开放式的指标体系，包括创新创业企业、产业发展、创新能力、创新创业环境、国际化、中关村300强和上市公司100强等6个一级指标，涵盖20个二级指标以及122个三级指标。

表7　中关村指数2012年指标体系

一级指标	二级指标
创新创业企业	高新技术企业
	高成长企业
	上市公司
产业发展	产业规模
	产业效益
	产业结构
	辐射带动
创新能力	创新投入
	创新产出
	创新协作
	创新效率
创新创业环境	人才环境
	科技金融
	创新创业服务平台
	社会环境

续表

一级指标	二级指标
国际化	资源引入
	国际拓展
TOP300和ZGC100	收入TOP300
	税费TOP300
	ZGC100

附录8　中国城市创新报告

中国城市发展研究会是以研究城市经济、社会和生态发展问题为中心，以为城市改革开放、建设和管理服务为宗旨的全国性社会团体，由中国社会科学院主管。1984年由北京、天津、上海、广州、重庆、太原、深圳等市的市长和许涤新、刘国光、孙尚清等著名经济学家共同倡议发起，经时任国务院副总理万里同志批示成立的。

目前，中国城市发展研究会有团体会员城市500多个，根据章程规定，这些城市的现任市长担任城发会的理事或常务理事；中国城市发展研究会还聘请了近百名著名专家、学者担任特邀理事。

城市创新能力是城市创新体系中所有要素和行为主体有机组合的总体能力，主要表现为城市创新体系的配套协调、纵横整合能力。本报告城市创新能力综合测评是综合创新基础条件与支撑能力、技术产业化能力和品牌创新能力三个方面得出的。在这三者中，创新基础条件与支撑能力是城市创新能力的原动力之所在，也是技术产业化能力和品牌创新能力的基础；技术产业化能力是科技生产力转化效率；品牌创新能力则是新技术产业化的永久体现。

表8 《中国城市创新报告（2011）》城市创新能力指标体系

一级指标	二级指标
创新基础条件与支撑能力	R&D经费占GDP比重
	R&D人员占企业职工总量比重
	高等教育毛入学率
	教育经费投入占GDP比重
	每万人拥有企业数量
	企业综合实力指数
	每万人互联网用户数
	风险投资总额
	科技园区数量
技术产业化能力	每万R&D研究人员科技论文数
	每万人三种专利授权数
	新产品销售额占总产值比重
	科技进步对经济增长的贡献率
	每万元GDP综合能耗指标
	人均GDP
	高技术产业增加值占GDP比重
	高技术产品出口额占工业制成品出口额比重

续表

一级指标	二级指标
品牌创新能力	城市综合知名度
	注册商标数量与企业数量比值
	国内知名品牌影响力
	国际知名品牌影响力

在综合创新能力排在前10位的当中，副省级以上城市分别是：上海市、北京市、深圳市、广州市、天津市、杭州市、重庆市、宁波市、南京市、青岛市；地市级城市分别是：苏州市、佛山市、东莞市、无锡市、烟台市、绍兴市、常州市、中山市、郑州市、嘉兴市；县级城市分别是：昆山市、江阴市、张家港市、常熟市、吴江市、晋江市、慈溪市、义乌市、太仓市、诸暨市。

表9　《中国城市创新报告（2011）》城市创新能力排名

序次	城市	创新能力综合得分
1	上海	98.3909
2	北京	94.9847
3	深圳	90.2150
4	广州	82.7556
5	天津	82.2065

续表

序次	城市	创新能力综合得分
6	杭州	82.0982
7	重庆	80.9921
8	宁波	78.1602
9	南京	76.2141
10	青岛	74.2939
11	武汉	73.8634
12	成都	73.8131
13	大连	72.6278
14	沈阳	71.5724
15	厦门	69.4122
16	济南	68.9872
17	西安	66.6130
18	长春	66.3835
19	哈尔滨	64.9802